Religion

Gary M. Forester

Das Kirchenjahr

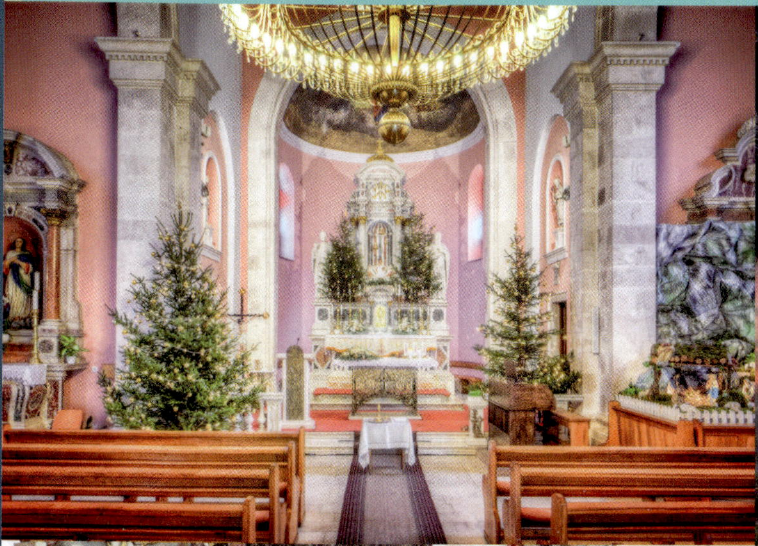

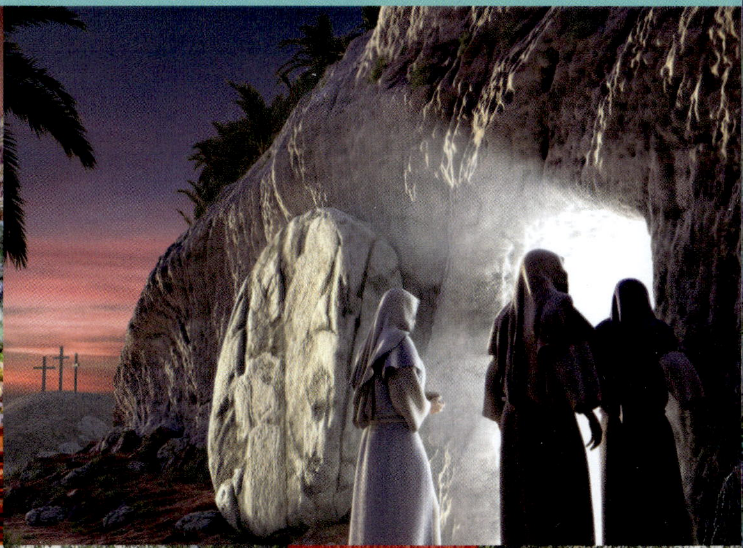

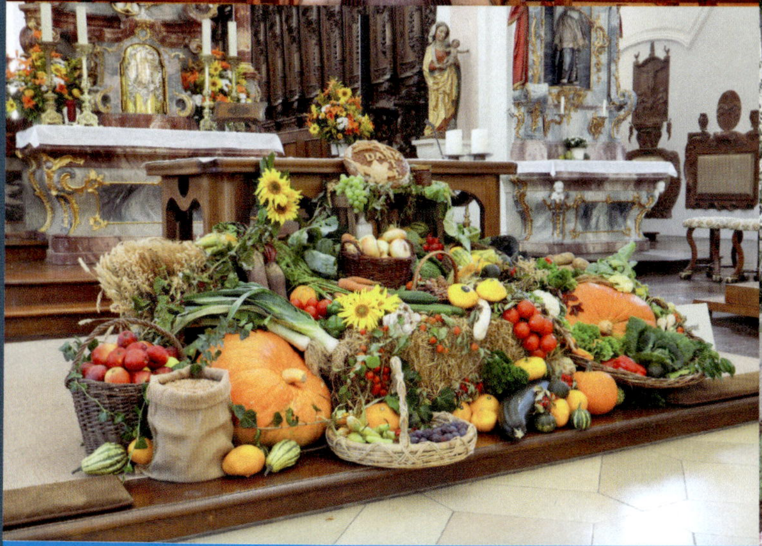

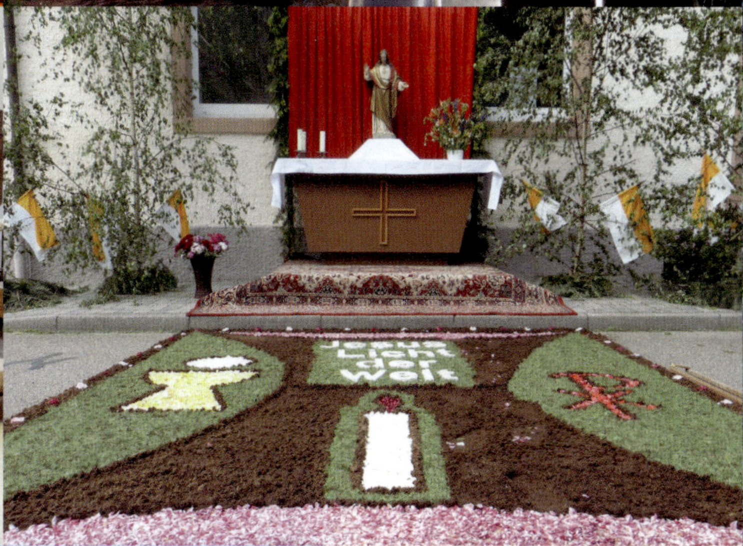

Spielerisch lernen

Farbiges Legematerial

www.kohlverlag.de

Das Kirchenjahr

2. Auflage 2024

Inhalt: Gary M. Forester
Coverbilder: © Weisenborn Dietrich, Patrick Poendl, James Steidl & marinw - Adobe Stock.com
Redaktion: Kohl-Verlag
Grafik / Satz: Eva-Maria Noack & Kohl-Verlag
Druck: Druckhaus DOC GmbH, Kerpen

Bestell-Nr. 15 032

ISBN: 978-3-96040-204-6

Bildnachweis:

Seite 5/6: © Kohlverlag; **Seite 7**: © joseph_hilfiger - AdobeStock.com, © mitfoto - AdobeStock.com, © barfest - AdobeStock.com; **Seite 8**: © Africa Studio - AdobeStock.com, © petert2 - AdobeStock.com, © hitdelight - AdobeStock.com; **Seite 10**: © Christos Georghiou - AdobeStock.com, © rudall30 - AdobeStock.com, © eyetronic - AdobeStock.com, © iweta0077- AdobeStock.com, © Pio Si - AdobeStock.com, © Rawpixel.com - AdobeStock.com, © tauav - AdobeStock.com; **Seite 12**: © K.-P. Adler - AdobeStock.com, © Monster - AdobeStock.com, © Christian Jung - AdobeStock.com; **Seite 14**: © by-studio - AdobeStock.com, © Schliemer - AdobeStock.com; **Seite 16**: © moehligdesign - AdobeStock.com, © Igor Zhorov - AdobeStock.com, © Winne - AdobeStock.com; **Seite 17**: © clipart.com; **Seite 18**: © sonne-fleckl - AdobeStock.com, © kamasigns - AdobeStock.com, © Brian Jackson - AdobeStock.com; **Seite 20:** © mmphoto - AdobeStock.com, © J.Müphlbauer exclus - AdobeStock.com, © diwfoto4you - AdobeStock.com, © Karin Isopp - AdobeStock.com; **Seite 22**: © Fotoschlick - AdobeStock.com; **Seite 24**: © mmphoto - AdobeStock.com, © Bobo - fotolia.com; **Seite 26**: © krist - AdobeStock.com; © rudall30 - AdobeStock.com; **Seite 28**: © clipart.com; **Seite 30**: © clipart.com; **Seite 32**: © rdnzl - AdobeStock.com; **Seite 34**: © Patrick Poendl - AdobeStock.com; **Seite 36**: © dmitrimaruta - AdobeStock.com; **Seite 38**: © clipart.com, © Thomas Reimer - AdobeStock.com; **Seite 40**: © mojorosl66 - AdobeStock.com; **Seite 41**: © AlexanderNovikov - AdobeStock.com; **Seite 42**: © Victoria - AdobeStock.com; Das Scherensymbol auf den Seiten 7 - 48: © clipart.com.

Inhalt

Vorwort

Die christlichen Feste begleiten den Jahreslauf der Menschen in Mitteleuropa unabhängig ihrer Konfession durch das Jahr – sei es als arbeitsfreier Feiertag, Anlass für Schulferien, Grund für passende Dekorationen in Kaufhäusern und dem Zuhause, u.v.m.. Menschen, die der christlichen Religion angehören, kennen zumeist auch den religiösen Hintergrund der wichtigsten Feste. Doch, das stellt man immer wieder in Gesprächen und insbesondere im Schulalltag fest, ist das oft oberflächliches Wissen und erlaubt keinen Überblick über den Jahreslauf der Feste.

Dieses Legematerial nach dem Prinzip Maria Montessoris ist eine motivierende Hilfe dabei, Fachwissen zu den einzelnen Festtagen zu gewinnen. Außerdem ergibt sich durch das ansprechende Legematerial und die Form des Kreises automatisch eine zeitliche Einordnung.

Die farbige Gestaltung der zusammengehörigen Legeelemente, das wendbare und beidseitig anlegbare Material und die Angabe der liturgischen Farben im äußeren Legeelement enthalten die wichtigsten Informationen über eine Auswahl der wesentlichen christlichen Feste. Im Zuge der didaktischen Reduktion wurde deren Anzahl beschränkt, zudem werden zwei Feste speziell in der evangelischen bzw. katholischen Kirche gefeiert. Diese können ausgetauscht werden, was dann beim Anlegen an den konfessionell passenden Mittelkreis auch die Reihenfolge der Feste ändert. In der katholischen Konfession sind die beiden Feste ***Fronleichnam*** und das ***Herz-Jesu-Fest*** enthalten, diese Strahlen werden auf der "evangelischen Seite" durch den ***Reformationstag*** und den ***Buß- und Bettag*** ersetzt.

Viel Freude und Erfolg mit diesem Material zum Kirchenjahr wünschen Ihnen das Team des Kohl-Verlages und

Gary M. Forester

Das Kirchenjahr
Bestell-Nr. 15 032
KOHL VERLAG

Methodisch-didaktische Hinweise

Es bietet sich an, die Seiten zuerst zu laminieren, bevor die einzelnen Legeelemente ausgeschnittem werden. Durch das Laminieren bleiben sie länger schön und können durch viele begeisterte Schülerhände gehen. Alle Teile können so problemlos in einem DIN A4-Briefumschlag aufbewahrt werden.

Der Aufbau des Materials gestaltet sich folgendermaßen:

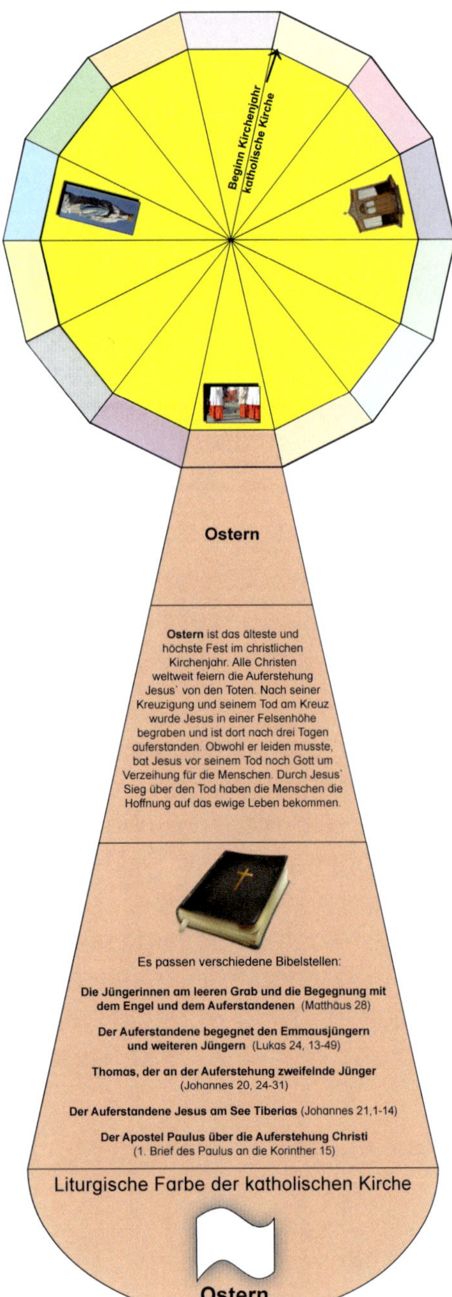

Bild 1: Mittelkreis 14-Eck
Zunächst gibt es den Mittelkreis in From eines 14-Ecks. Dieser kann entweder mit der evangelischen (lila) oder der katholischen (gelb) Seite gelegt werden. Bei beiden Kreisen ist der Beginn des Kirchenjahres zum Anlegen der ersten Elemente gekennzeichnet.

Bild 2: Kleines Trapez
Das erste Trapez trägt den Namen des Feiertages. Auf der Rückseite findet sich ein passendes Bild.

Bild 3: Mittleres Trapez
Hier wird die zeitliche Einordung genauer beschrieben. Die Rückseite zeigt die passende Erklärung zum Festanlass.

Bild 4: Großes Trapez
Diese Trapez zitiert oder gibt in der Regel eine passende Bibelstelle an. Im Falle des Reformationstages z.B. werden Zitate aus Luthers Thesen angegeben. Rückseitig werden Bräuche und Rituale an diesem Festtag beschrieben oder regionale Besonderheiten erwähnt.

Bild 5: Abschlusselement Halbkreis
Hier wird die liturgische Farbe der katholischen, bzw. evangelischen Kirche zum jeweiligen Festtag gezeigt.

... und so sieht es aus!

*Der fertige Legekreis der **katholischen** Festtage.*

Bitte beachten Sie, dass sich die Festtage, die mit den Nummern 1, 2 und 3 versehen sind, vom evangelischen Kirchenjahr unterscheiden.

Das Kirchenjahr
Bestell-Nr. 15 032
KOHL VERLAG

... und so sieht es aus!

Der fertige Legekreis der __evangelischen__ Festtage.

Bitte beachten Sie, dass sich die Festtage, die mit den Nummern 1, 2 und 3 versehen sind, vom katholischen Kirchenjahr unterscheiden.

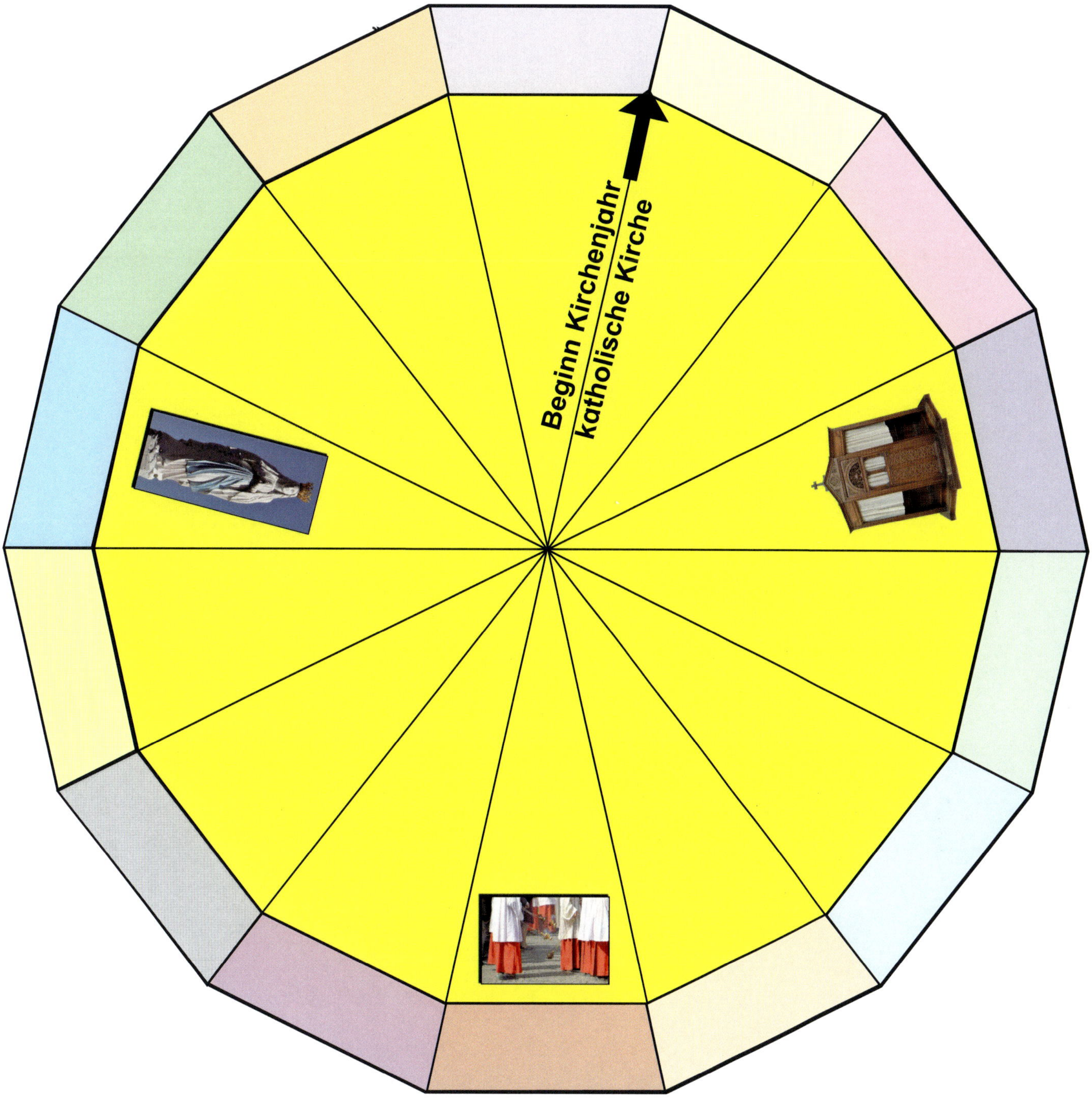

Beginn Kirchenjahr katholische Kirche

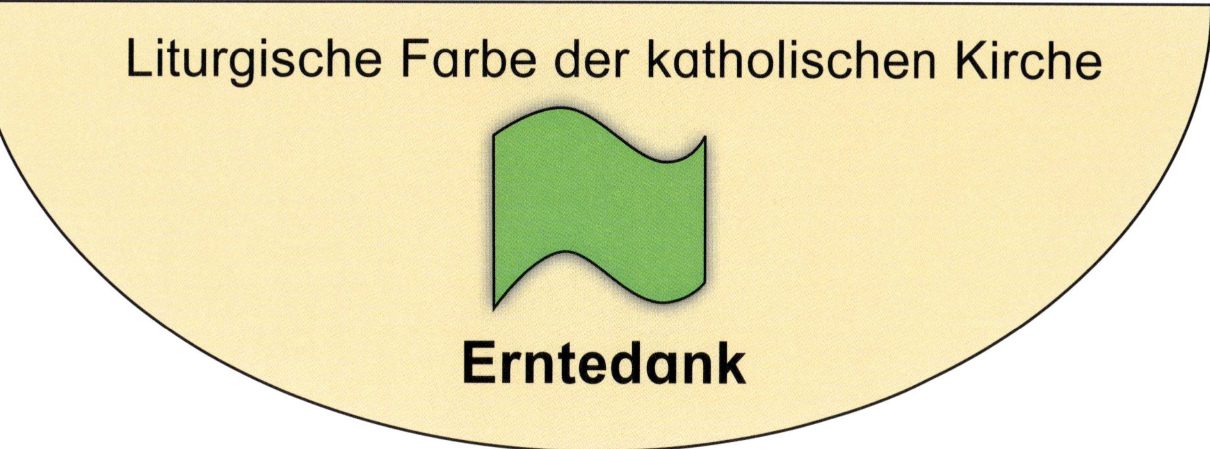

Das Kirchenjahr
Bestell-Nr. 15 032
KOHL VERLAG

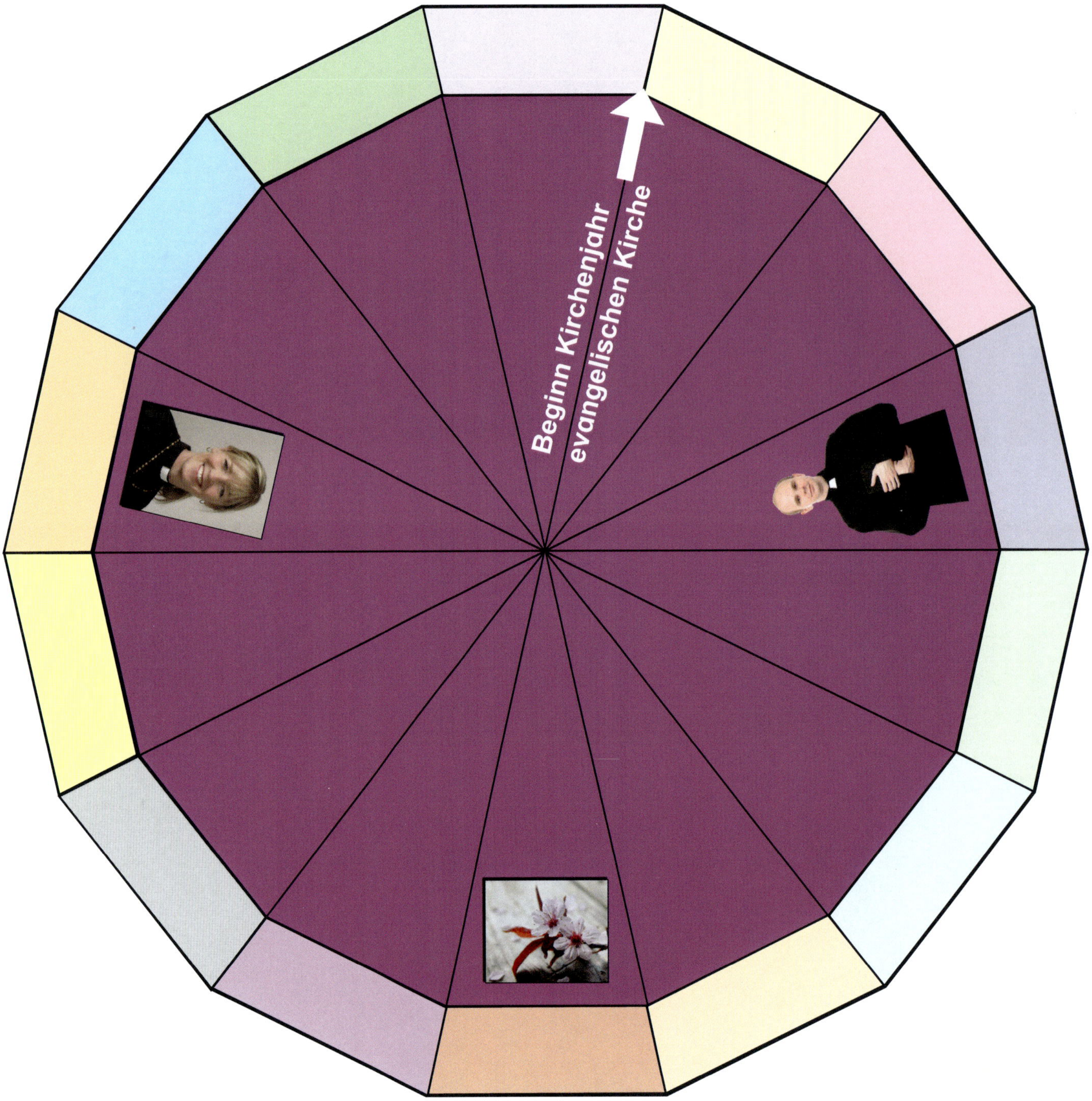

Beginn Kirchenjahr evangelischen Kirche

Liturgische Farbe der evangelischen Kirche

Erntedank

Das Kirchenjahr
Bestell-Nr. 15 032
KOHL VERLAG

Legematerial zum Ausschneiden

Advent

Ostern

**Heiliger Abend
Weihnachten**

**Christi
Himmelfahrt**

**Epiphanias/
Heilige Drei
Könige**

Pfingsten

**Aschermittwoch
Fastenzeit
Passionszeit**

**Trinitatis /
Dreifaltigkeit-
sonntag**

Liturgische Farben der katholischen Kirche

**Allerheiligen
Allerseelen**

Das Kirchenjahr
Bestell-Nr. 15 032
KOHL VERLAG

Legematerial zum Ausschneiden

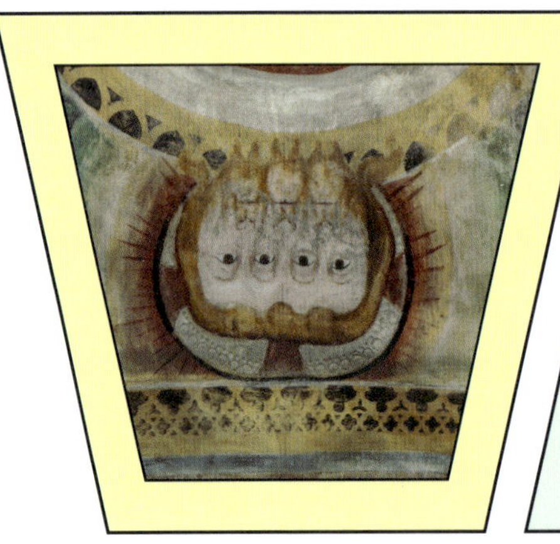

Liturgische Farben der evangelischen Kirche

Ewigkeitssonntag/ Totensonntag

Erntedank

Das Wort „Advent“ ist lateinisch und bedeutet Erwartung/Ankunft. Die Christen der ganzen Welt warten auf die Geburt Jesu. Die besinnliche Adventszeit beginnt am vierten Sonntag vor Weihnachten. In der Kirche und auch in Familien werden an jedem der vier Adventssonntage Kerzen angezündet. Jeden Sonntag eine Kerze mehr, bis schließlich ab dem letzten Adventssonntag vor Weihnachten vier Kerzen erstrahlen.

Das Kirchenjahr beginnt mit dem 1. Advent.

Psalm 24: **Der Einzug des Herrn in sein Heiligtum**

Dem Herrn gehört die Erde und was sie erfüllt, der Erdkreis und seine Bewohner.
Die Erde ist des HERRN und was darinnen ist, der Erdkreis und die darauf wohnen.
Denn er hat ihn auf Meere gegründet , ihn über Strömen befestigt.
Wer darf hinaufziehn zum Berg des Herrn, wer darf stehen an seiner heiligen Stätte?
Der reine Hände hat und ein lauteres Herz, der nicht betrügt und keinen Meineid schwört.
Er wird Segen empfangen vom Herrn und Heil vom Gott, seinem Helfer.
Das sind die Menschen, die nach ihm fragen, die dein Antlitz suchen, Gott Jakobs. Sela.
Ihr Tore, hebt euch nach oben, hebt euch, ihr uralten Pforten; denn es kommt der König der Herrlichkeit.
Wer ist der König der Herrlichkeit? Der Herr, stark und gewaltig, der Herr, mächtig im Kampf.
Ihr Tore, hebt euch nach oben, hebt euch, ihr uralten Pforten; denn es kommt der Herr der Herrlichkeit.
Wer ist der König der Herrlichkeit? Der Herr der Heerscharen, er ist der König der Herrlichkeit. Sela.

Das Kirchenjahr
Bestell-Nr. 15 032

Die **Adventszeit** beginnt am ersten Adventssonntag und endet am Heiligen Abend. Sie dauert 22-28 Tage und **hat immer vier Sonntage**. Der Beginn der Adventszeit ist immer an einen Sonntag gebunden, das Ende aber an ein festes Datum. Dadurch ändern sich jedes Jahr mit dem Kalender auch der Beginn der Adventszeit und deren Länge.

In Deutschland ist es üblich, während der Adventszeit das Haus zu schmücken und mit verschiedenen Bräuchen die Wartezeit auf das Weihnachtsfest zu überbrücken.

Dazu gehören der Adventskranz mit seinen vier Kerzen, kunsthandwerklich ausgearbeitete Lichterbögen und -pyramiden sowie der beliebte Adventskalender mit seinen 24 Türen. Besonders Kinder lieben die süßen Leckereien, die allerdings ab dem 1. Dezember ausgepackt werden dürfen, der ja nicht unbedingt mit dem ersten Adventssonntag zusammenfällt. Auch wird viel gebacken, z.B. leckere Weihnachtsplätzchen, Lebkuchen, Spekulatius oder Christstollen.

Das Kirchenjahr
Bestell-Nr. 15 032
KOHL VERLAG

Allerheiligen

Allerseelen

Ewigkeitssonntag/ Totensonntag

Jedes Jahr feiern Christen auf der ganzen Welt am 24. Dezember am Vorabend des Weihnachtsfestes die Geburt Jesus` in der Heiligen Nacht.
Am **Heiligen Abend** und dem **Weihnachtsfest** erinnern wir uns daran, was in der Nacht von Jesus` Geburt vor mehr als 2000 Jahren in der kleinen Stadt Bethlehem geschah.
Dort lag das Baby Jesus in eine Krippe gebettet im Stall, weil seine Eltern keine andere Herberge mehr gefunden hatten.
Mit seinem Sohn Jesus Christus gibt Gott uns Freude und Hoffnung auf das Gute.

Lukasevangelium (Kapitel 2, Verse 1-7)

In jenen Tagen erließ Kaiser Augustus den Befehl, alle Bewohner des Reiches in Steuerlisten einzutragen. Dies geschah zum ersten Mal; damals war Quirinius Statthalter von Syrien. Da ging jeder in seine Stadt, um sich eintragen zu lassen.

So zog auch Josef von der Stadt Nazaret in Galiläa hinauf nach Judäa in die Stadt Davids, die Betlehem heißt; denn er war aus dem Haus und Geschlecht Davids. Er wollte sich eintragen lassen mit Maria, seiner Verlobten, die ein Kind erwartete. Als sie dort waren, kam für Maria die Zeit ihrer Niederkunft, und sie gebar ihren Sohn, den Erstgeborenen. Sie wickelte ihn in Windeln und legte ihn in eine Krippe, weil in der Herberge kein Platz für sie war.

Das Kirchenjahr
Bestell-Nr. 15 032

KOHL VERLAG

Legematerial zum Ausschneiden

Der Heilige Abend und die beiden Weihnachtsfeiertage sind feste Feiertage. Das heißt, dass sie stets am selben Datum gefeiert werden.

Den **Heiligen Abend** feiern Christen jedes Jahr am **24. Dezember**. Der Wochentag spielt dabei keine Rolle. An Werktagen sind in Deutschland die Geschäfte meist noch bis zur Mittagszeit geöffnet. Die **beiden Weihnachtsfeiertage** liegen immer am **25. und 26. Dezember**.

Regional gibt es in Deutschland Unterschiede bei der Gestaltung der Feiertage. Üblich ist allerdings, dass man am Heiligen Abend die Christmette besucht. Dieser feierliche Gottesdienst wird mit einem Krippenspiel, dass die Geschichte um Jesu Geburt nacherzählt, bereichert. Für Kinder gibt es oft einen kindgerechten und kürzeren am Nachmittag, ansonsten gibt es meist noch eine Messe am frühen Abend. Ihnen gemeinsam ist die feierliche Stimmung und frohe Erwartung der Menschen. Viele tragen schöne Festtagskleidung und oft kommen ganze Familien mit Verwandten zusammen. Auch an den kommenden Tagen gibt es Festgottesdienste.

Nach dem Besuch der Kirche erfolgen in den Familien ein traditionelles Abendessen und die Bescherung, also das Übergeben der Geschenke. Vor allem die Kinder können es kaum erwarten.

Typische Abendessen am Heiligen Abend sind z. B. Würstchen mit Kartoffelsalat, Karpfen oder Raclette. Auch an den folgenden Tagen wird bei Familienbesuchen sehr geschlemmt.

Ein Höhepunkt der Feiern ist das Entzünden der Lichter am Weihnachtsbaum und der Krippe. Dazu singen manche Familien Weihnachtslieder und genießen die Gemeinsamkeit und die Gedanken an Jesus` Geburt.

Reformationstag

In seinem Sohn Jesus Christus ist uns Gott selbst erschienen. Diese **Erscheinung des Herrn** (auf Griechisch „Epiphanias“ genannt) feiern wir am 6. Januar. Die Bibel erzählt vom Wunder, dass ein neuer Stern die Sterndeuter aus fernem Land in die Stadt Bethlehem geführt hat. In Bethlehem lag Jesus in der Krippe im Stall. Caspar, Balthasar und Melchior wussten, dass das Baby in der Krippe als Gottes Sohn der Erlöser aller Menschen sein wird. Sie brachten ihm Gaben und beteten ihn an. Die drei Sterndeuter nennt man auch die **Heiligen Drei Könige**. Darum wird der 6. Januar auch so genannt.

Die Weisen aus dem Morgenland
(Matthäus 2, 1-3 und 7-12)

Als Jesus zur Zeit des Königs Herodes in Betlehem in Judäa geboren worden war, kamen Sterndeuter aus dem Osten nach Jerusalem und fragten: Wo ist der neugeborene König der Juden? Wir haben seinen Stern aufgehen sehen und sind gekommen, um ihm zu huldigen. Als König Herodes das hörte, erschrak er und mit ihm ganz Jerusalem. Danach rief Herodes die Sterndeuter heimlich zu sich und ließ sich von ihnen genau sagen, wann der Stern erschienen war. Dann schickte er sie nach Betlehem und sagte: Geht und forscht sorgfältig nach, wo das Kind ist; und wenn ihr es gefunden habt, berichtet mir, damit ich auch hingehe und ihm huldige. Nach diesen Worten des Königs machten sie sich auf den Weg. Und der Stern, den sie hatten aufgehen sehen, zog vor ihnen her bis zum Ort, wo das Kind war; dort blieb er stehen. Als sie den Stern sahen, wurden sie von sehr großer Freude erfüllt. Sie gingen in das Haus und sahen das Kind und Maria, seine Mutter; da fielen sie nieder und huldigten ihm. Dann holten sie ihre Schätze hervor und brachten ihm Gold, Weihrauch und Myrrhe als Gaben dar. Weil ihnen aber im Traum geboten wurde, nicht zu Herodes zurückzukehren, zogen sie auf einem anderen Weg heim in ihr Land.

Das Kirchenjahr
Bestell-Nr. 15 032
KOHL VERLAG

Legematerial zum Ausschneiden

Auch Epiphanias
(Heilige Drei Könige)
ist ein fester Feiertag.
Er wird jedes Jahr,
unabhängig vom Wochentag,
am **6. Januar** gefeiert.

An Epiphanias, Erscheinung des Herrn oder auch Heilige Drei Könige erinnern sich die Christen daran, wie die Sterndeuter nach ihrer weiten Reise in Bethlehem beim neugeborenen Jesus angekommen sind.

Im Laufe der Zeit wurden diese klugen und besonderen Männer dann auch Heilige drei Könige genannt. Vor allem in Süddeutschland ziehen an diesem Tag Katholiken, meist Jugendliche, als Könige verkleidet umher. Sie sammeln als Caspar, Melchior und Balthasar Spenden für Hilfsprojekte und untermalen dies mit Liedern und Sprüchen. An die Türen der besuchten Häuser schreiben diese Sternsinger den lateinischen Segen: „Christus mansionem benedicat, also „Christus segne dieses Haus“. Dieser wird mit den jeweiligen Anfangsbuchstaben abgekürzt und durch die Jahreszahl ergänzt.

Buß- und Bettag

Am **Aschermittwoch** beginnt die **Fasten-** oder auch **Passionszeit**. Die Katholiken bekommen mit dem Satz: „Bedenke Mensch, dass du Staub bist und wieder zum Staub zurückkehren wirst.“ Asche über den Kopf gestreut bzw. ein Aschenkreuz auf die Stirn gemalt. Dies soll die Menschen an ihre Unvollkommenheit und Fehler erinnern und zur Zeit der Buße und des Fastens führen. Die evangelischen Christen feiern den Aschermittwoch nicht, aber auch für sie beginnt die Zeit, die an das Leiden Jesus` erinnern soll (Passionszeit).
In dieser Zeit soll Zeit für Buße und Besinnung sein. Hierzu gehört auch, sich bewusst zum Verzicht (Fasten) zu entscheiden und sich mit den Grundfragen des Lebens zu beschäftigen. In den Gottesdiensten stehen biblische Geschichten rund um Jesus` Leben im Mittelpunkt. Viele Filme, Passionsspiele u.a. bereiten zusätzlich auf das Osterfest vor.

Evangelium nach Matthäus (26,1 - 28,20):
Das Leiden und die Auferstehung Jesu

Diese Bibelstellen erzählen vom Beschluss des Hohen Rates, der Salbung in Betanien, dem Verrat durch Judas, dem Paschamahl, dem Ölberg und Garten Getsemani, Gefangennahme Jesu, Verhör und Verurteilung. Außerdem berichten sie über die Verhandlung vor Pilatus, den Spott durch die Soldaten, die Kreuzigung, den Tod Jesu und sein Begräbnis sowie die Botschaft des Engels am leeren Grab und Jesus` Erscheinung vor den Frauen.

Das Kirchenjahr
Bestell-Nr. 15 032

KOHL VERLAG

Der **Aschermittwoch** leitet eine 40-tägige Fastenzeit ein, also wird er **40 Tage vor Ostern** gefeiert. Dabei werden die Sonntage nicht mitgezählt. Eine andere Zählweise ist es, vom 7. Mittwoch vor Ostern zu sprechen.

Die **Fasten- und Passionszeit** dauert dann bis Ostern an, also **40 Tage lang**.

Der Aschermittwoch als Abstinenztag verlangte früher, an diesem Tag u.a. kein Fleisch zu essen. Man vermutet, dass es möglicherweise auch aus diesem Grund zur Tradition wurde, am Aschermittwoch Fisch zu essen. In vielen Orten Deutschlands bieten die Gaststätten gezielt ein Aschermittwochsgericht an.

Während der Fastenzeit verzichten viele Menschen in Deutschland bewusst auf liebgewonnene Gewohnheiten oder Luxusgüter wie Handy oder unnötige Autofahrten. Die evangelische Kirche in Deutschland hat dafür die Aktion „7 Wochen ohne" ins Leben gerufen. Mit Hilfe der Begleitmaterialien und angebotenen Treffen soll den Menschen so neben dem Verzicht auch das Bewusstwerden wichtiger Sinnfragen erleichtert werden. Was will ich mit meinem Leben erreichen? Bin ich eine Bereicherung für die Gesellschaft? Lebe ich in Gottes Sinn?

Das Kirchenjahr
Bestell-Nr. 15 032

Fronleichnam

Am **Palmsonntag** denken wir an den Einzug Jesus` in Jerusalem. Hier wollte Jesus mit seinen Jüngern und vielen anderen Juden das große Fest Pascha feiern. Er ritt auf einem Esel nach Jerusalem. Die Menschen freuten sich sehr, dass Jesus in die Stadt angereist war. Sie wussten, er hatte viele kranke und arme Leute gerettet. Sie jubelten Jesus zu und begrüßten ihn mit Palmzweigen. Damit er mit seinem Esel nicht auf dem staubigen Weg reiten musste, legten die Menschen Palmzweige und auch ihre Tücher auf den Boden. Auch heute noch schmücken Katholiken Weg und Häuser mit Zweigen und bringen diese zur Segnung mit in die Kirche.

Für die evangelischen Christen markiert der Palmsonntag den Beginn der letzten Woche der Passionszeit, der Karwoche. Diese wird auch **Woche des Leidens** oder **Stille Woche** genannt und beinhaltet die Leidenstage Jesus` bis zum Osterfest.

Johannes (12, 12-19): **Der Einzug in Jerusalem**

Am Tag darauf hörte die Volksmenge, die sich zum Fest eingefunden hatte, Jesus komme nach Jerusalem. Da nahmen sie Palmzweige, zogen hinaus, um ihn zu empfangen und riefen: Hosanna! Gelobt sei er, der kommt im Namen des Herrn, der König Israels!

Jesus fand einen jungen Esel und setzte sich darauf – wie es in der Schrift heißt: Fürchte dich nicht, Tochter Zion! Siehe, dein König kommt; er sitzt auf dem Fohlen einer Eselin. Das alles verstanden seine Jünger zuerst nicht; als Jesus aber verherrlicht war, da wurde ihnen bewusst, dass so über ihn in der Schrift stand und dass man so an ihm gehandelt hatte. Die Leute, die bei Jesus gewesen waren, als er Lazarus aus dem Grab rief und von den Toten auferweckte, legten Zeugnis für ihn ab. Ebendeshalb war die Menge ihm entgegengezogen: weil sie gehört hatte, er habe dieses Zeichen getan. Die Pharisäer aber sagten zueinander: Ihr seht, dass ihr nichts ausrichtet, alle Welt läuft ihm nach.

KOHL VERLAG Lernen mit Erfolg
Das Kirchenjahr
Bestell-Nr. 15 032

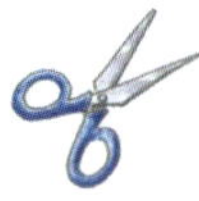

Legematerial zum Ausschneiden

Am **letzten Sonntag vor Ostern** feiert man den **Palmsonntag**.

In der evangelischen Kirche nennt man ihn auch Palmarum, in der katholischen Kirche Dominica in Palmis de passione Domini.

Auch wenn es regionale Unterschiede gibt, ist es in katholischen Gemeinden üblich, am Palmsonntag einen Zweig oder einen Busch einer grünen Pflanze wie z. B. Buchsbaum, Thuja oder Eibe in den Gottesdienst mitzubringen. Diese erinnern an Jesus` Einzug in Jerusalem. Vor allem in Süddeutschland werden aus vorgegebenen Pflanzen kunstvolle Palmsträuße oder -kronen gebunden, um deren Größe teils sogar fast Wettbewerbe entstehen.

Oft wird der Einzug Jesus` auch unter freiem Himmel nachgespielt und ein hölzerner Esel dabei mitgezogen. Die Palmzweige werden vom Pfarrer gesegnet und werden später zuhause am Haus befestigt oder hinter ein Kruzifix geklemmt, um von dort Unheil vor der Familie abzuwenden.

In einigen Regionen nutzen evangelische Christen den Palmsonntag als Konfirmationstag. Dabei ziehen die Konfirmanden mit grünen Zweigen in die Kirche ein.

Herz-Jesu-Fest

Der Gründonnerstag ist der Tag vor Karfreitag.

Für die evangelischen Christen erreicht die Woche des Leidens ihren Höhepunkt.

Der **Karfreitag** ist für die evangelischen Christen ein besonders wichtiger Feiertag.

Es passen verschiedene Bibelstellen:

Jesu Kreuzigung und Tod
(Lukas 23, 32-49)

Das letzte Mahl Jesu mit seinen Jüngern
(Matthäus 26, 17-30)

Die Fußwaschung durch Jesu
(Johannes 13, 1-17)

Jesu Gefangennahme im Garten Gethsemane
(Matthäus 26, 36-56)

Das Kirchenjahr
Bestell-Nr. 15 032

Legematerial zum Ausschneiden

Der **Gründonnerstag** ist der Tag vor Karfreitag.

Am Abend des Gründonnerstages feierte Jesus mit den Jüngern das letzte Abendmahl, bevor er im Garten Getsemani nach dem Kuss des Verräters Judas verhaftet wurde. Er gilt daher als Tag der Einsetzung des Abendmahles bzw. der Kommunion und Christen erinnern sich dabei stets an die christliche Gemeinschaft, Vergebung und Versöhnung.

An Karfreitag gedenken Christen der Verurteilung, Kreuzigung, des Leidens und des Todes Jesus`. Fragen nach dem Sinn des Leidens und des Todes stehen im Mittelpunkt. Christen feiern oftmals noch einen Gottesdienst zur Todesstunde Jesu am Nachmittag. Die Katholiken verhängen am Karfreitag die Kreuze mit dunklen Tüchern, die erst im Gedenken an Jesus Auferstehung in der Feier der Osternacht wieder abgenommen werden.

Manchmal wird davon gesprochen, dass der Gründonnerstag seinen Namen der Tatsache verdanke, dass man an diesem Tag kein Fleisch isst. Somit wird nur „Grünes“, also Obst und Gemüse verzehrt. Da man früher aber auch die Büßer nach öffentlichem Büßen und Weinen wieder in das Gemeindeleben integriert hat, könnte der Name auch vom althochdeutschen Wort „gronan“ für Weinen beeinflusst sein.

Neben der Erinnerung an das letzte Abendmahl zelebrieren die katholischen Christen in einigen Gemeinden auch noch die Fußwaschung. Dabei zeigte Jesus seinen Jüngern, dass er ihnen zu Dienste sein wollte. Heute werden üblicherweise zwölf wichtigen Personen der Gemeinde die Füße durch den Priester gewaschen.

Karfreitag und der Tod Jesus` sollten nicht getrennt von Ostern betrachtet werden. Jesus` Leiden und Tod werden symbolisiert durch das Kreuz, aber auch die Hoffnung und der Sieg des Lebens über den Tod durch Jesus` Wiederauferstehung.

Dennoch erinnert uns der Karfreitag an den Schmerz und das Leid im eigenen Leben und bietet einen kirchlichen Rahmen, sich darüber Gedanken zu machen. Das Verhängen der Kreuze in der katholischen Kirche symbolisiert den Schmerz und das Leiden sowie die Wartezeit bis zum Osterfest. Auch der Karsamstag ist daher ein Fest der stillen Besinnung.

Das Kirchenjahr
Bestell-Nr. 15 032

Legematerial zum Ausschneiden

Palmsonntag
Beginn der Karwoche

Ostern ist das älteste und höchste Fest im christlichen Kirchenjahr. Alle Christen weltweit feiern die Auferstehung Jesus` von den Toten. Nach seiner Kreuzigung und seinem Tod am Kreuz wurde Jesus in einer Felsenhöhle begraben und ist dort nach drei Tagen auferstanden. Obwohl er leiden musste, bat Jesus vor seinem Tod noch Gott um Verzeihung für die Menschen. Durch Jesus` Sieg über den Tod haben die Menschen die Hoffnung auf das ewige Leben bekommen.

Es passen verschiedene Bibelstellen:

Die Jüngerinnen am leeren Grab und die Begegnung mit dem Engel und dem Auferstandenen (Matthäus 28)

Der Auferstandene begegnet den Emmausjüngern und weiteren Jüngern (Lukas 24, 13-49)

Thomas, der an der Auferstehung zweifelnde Jünger (Johannes 20, 24-31)

Der Auferstandene Jesus am See Tiberias (Johannes 21,1-14)

Der Apostel Paulus über die Auferstehung Christi (1. Brief des Paulus an die Korinther 15)

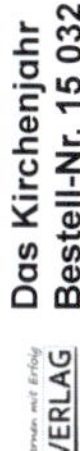

Legematerial zum Ausschneiden

Mit dem Ostersonntag beginnt die österliche Freudenzeit („Osterzeit"), die **fünfzig Tage bis einschließlich Pfingsten** dauert. Ostern gehört zu den beweglichen Festen, das heißt, es wird jedes Jahr an einem anderen Tag gefeiert. Man feiert **Ostern immer am Sonntag nach dem ersten Frühlingsvollmond**. Ostern **geht eine 40-tägige Fastenzeit voraus**, die an Aschermittwoch nach Fastnacht beginnt und an Karfreitag endet.

Die Osterzeit ist reich an verschiedenen, auch regionalen Bräuchen. Einige davon sind aber besonders bekannt:

Ostereier: Das Ei stand schon vor Jesus` für entstehendes Leben und sowie das Küken lebend die Schale durchbricht, hat Jesus das Felsengrab verlassen. Die Christen nehmen das Ei, das oftmals kunstvoll bemalt wird, daher als Symbol für die Auferstehung.

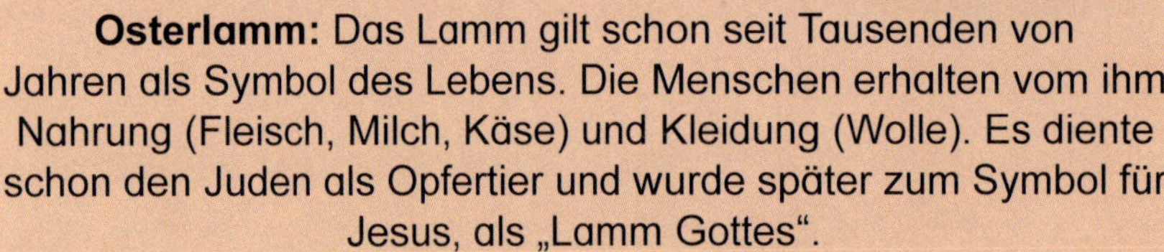

Osterlamm: Das Lamm gilt schon seit Tausenden von Jahren als Symbol des Lebens. Die Menschen erhalten vom ihm Nahrung (Fleisch, Milch, Käse) und Kleidung (Wolle). Es diente schon den Juden als Opfertier und wurde später zum Symbol für Jesus, als „Lamm Gottes".

Osterfeuer: Das Entzünden des Osterfeuers und der Osterkerze symbolisiert für die Christen das Auferstehen Jesus` aus dem Felsengrab. Als Ostersegen nehmen Gläubige ihre entzündeten Osterkerzen mit dem Osterlicht nach dem Gottesdienst mit nach Hause. Früher wurde in katholischen Familien damit das Feuer im Herd entzündet und dann auch erst im Folgejahr in der Karfreitagsnacht gelöscht.

Gründonnerstag

Karfreitag

Karwoche

Das Fest
Christi Himmelfahrt
geht auf die Ereignisse nach der Kreuzigung von Jesus zurück. Nachdem der tote Jesus aus seinem Grab auferstanden war, zeigte er sich vielen Leuten. Jesus war lebendig! Doch 40 Tage nach seinem Tod stieg Jesus in den Himmel zu seinem Vater auf. An Christi Himmelfahrt feiern wir also den Aufstieg Jesus` in den Himmel.

Lukasevangelium (24, 50–53)

Dann führte er sie hinaus in die Nähe von Betanien. Dort erhob er seine Hände und segnete sie. Und während er sie segnete, verließ er sie und wurde zum Himmel emporgehoben; sie aber fielen vor ihm nieder. Dann kehrten sie in großer Freude nach Jerusalem zurück. Und sie waren immer im Tempel und priesen Gott.

Außerdem passt die Apostelschichte des Lukas 1,1–11 sowie Psalm 47 und Psalm 68,19.

40 Tage nach Ostern und 10 Tage vor Pfingsten feiern wir Christi Himmelfahrt.

Es ist ein beweglicher Feiertag. Das heißt, er wird wie Ostern jedes Jahr an einem anderen Datum gefeiert. Der Wochentag bleibt dabei stets gleich, Christi Himmelfahrt fällt **immer** auf einen **Donnerstag**.

Nach seiner Auferstehung zeigte sich Jesus 40 Tage lang den Menschen. Er sagte ihnen voraus, dass der Heilige Geist ihnen helfen würde, Gottes Botschaft weiterzuverbreiten. Jesus wurde dann von einer Wolke am Ölberg in Jerusalem hochgehoben und zu Gott in den Himmel getragen.

Früher wurden manchmal sogar Christusfiguren in den Kirchen hochgezogen, um Jesus` Himmelfahrt zu verdeutlichen.

Mittlerweile gibt es einige evangelische Kirchen, die an diesem Tag bewusst Gottesdienste im Freien abhalten.

Allgemein ist Christi Himmelfahrt ein Fest der Freude darüber, dass Jesus zu Gott aufgefahren ist und uns die Hoffnung auf den Heiligen Geist gibt.

Ohne Bezug zur christlichen Kirche hat sich vielerorts der „Vatertag" an diesem Festtag eingebürgert, an dem Männergruppen umherziehen und meist einiges an Alkohol konsumieren.

Das Wort *Pfingsten* kommt aus der griechischen Sprache, wo es „fünfzig“ bedeutet. Pfingsten feiern wir immer am 50. Tag nach Ostern. Im Gottesdienst wird vom Priester erzählt, dass der Heilige Geist – der Geist Gottes – auf die Jünger herabkam. Sie bekamen von ihm den Auftrag, allen Menschen von Jesus zu erzählen. Zur Erinnerung daran feiert man Pfingsten. Nach dem Herabkommen des Heiligen Geistes sind viele Menschen Christen geworden. Diesen Feiertag bezeichnen wir deshalb auch als den Geburtstag der Kirche.

Apostelgeschichte (2, 1-13):

Als der Pfingsttag gekommen war, befanden sich alle am gleichen Ort. Da kam plötzlich vom Himmel ein Brausen, wie wenn ein heftiger Sturm daherfährt, und erfüllte das ganze Haus, in dem sie waren. Und es erschienen ihnen Zungen wie von Feuer, die sich verteilten; auf jeden von ihnen ließ sich eine nieder. Alle wurden mit dem Heiligen Geist erfüllt und begannen, in fremden Sprachen zu reden, wie es der Geist ihnen eingab. (...) Alle gerieten außer sich und waren ratlos. Die einen sagten zueinander: Was hat das zu bedeuten? Andere aber spotteten: Sie sind vom süßen Wein betrunken.

KOHL VERLAG Das Kirchenjahr Bestell-Nr. 15 032

Das **Pfingstfest** feiert man immer am 50. Tag der Osterzeit, also **49 Tage nach dem Ostersonntag**.

Als Symbol für den Heiligen Geist oder Pfingsten sieht man häufig eine Taube. Das beruht darauf, dass erzählt wird, dass sich eine Taube auf Jesus niederlässt, während er getauft wird. Außerdem ist die Taube ein Symbol für Versöhnung und Frieden. Früher wurden darum in den Pfingstgottesdiensten sogar Tauben fliegen gelassen oder als Bildnis herabgelassen.

In Anlehnung an die Erzählung, dass Feuerzungen und der Geist Gottes die ersten Christen befähigte, in vielen Sprachen von Gott zu sprechen, wird der Heilige Geist auch als Flamme dargestellt. Auch aus dem brennenden Dornbusch spricht Gott zu Mose.

In vielen Regionen Deutschlands gibt es fröhliche Pfingstbräuche. Im Bergischen Land beispielsweise ziehen Männergruppen von Haus zu Haus, singen und sammeln dafür Lebensmittel und Geld.

Auch das Pflanzen eines Pfingstbaumes, das Schmücken des Pfingstochsen oder das Birkenstecken sind typische Bräuche. Beim Letzteren wird in der Pfingstnacht vor der Tür der Angebeteten ein Birkenbäumchen gestellt.

Das Kirchenjahr
Bestell-Nr. 15 032
KOHL VERLAG

Am ersten Sonntag nach Pfingsten feiert man das Trinitatisfest, das Fest der Heiligen Dreifaltigkeit. Dieses Wort kommt aus dem Lateinischen und bedeutet „Dreieinigkeit". Gott zeigte sich uns in drei Gestalten: als Vater, als Sohn und als Heiliger Geist. Diese Einheit der drei göttlichen Personen wird an dem Trinitatisfest besonders hervorgehoben. Mit Trinitatis kommt die Zeit großer Feste im Kirchenjahr, von Weihnachten über Ostern bis Pfingsten zum Abschluss.

Epheser (1, 3-14): Loblied auf den Heilsplan Gottes:

Gepriesen sei der Gott und Vater unseres Herrn Jesus Christus: Er hat uns mit allem Segen seines Geistes gesegnet durch unsere Gemeinschaft mit Christus im Himmel. Denn in ihm hat er uns erwählt vor der Erschaffung der Welt, damit wir heilig und untadelig leben vor Gott;

Er hat uns aus Liebe im Voraus dazu bestimmt, seine Söhne zu werden durch Jesus Christus und nach seinem gnädigen Willen zu ihm zu gelangen, zum Lob seiner herrlichen Gnade. Er hat sie uns geschenkt in seinem geliebten Sohn; durch sein Blut haben wir die Erlösung, die Vergebung der Sünden nach dem Reichtum seiner Gnade.

Durch sie hat er uns mit aller Weisheit und Einsicht reich beschenkt und hat uns das Geheimnis seines Willens kundgetan, wie er es gnädig im Voraus bestimmt hat: Er hat beschlossen, die Fülle der Zeiten heraufzuführen, in Christus alles zu vereinen, alles was im Himmel und auf Erden ist. (…)

KOHL VERLAG
Das Kirchenjahr
Bestell-Nr. 15 032

Trinitatis, das Fest der Dreifaltigkeit, wird immer am **ersten Sonntag nach Pfingsten** gefeiert. Es ist kein Fest, das an ein bestimmtes, datumsgebundenes Ereignis erinnert.

In der Bibel gibt es viele Erwähnungen der Dreieinigkeit. So z.B. im Matthäus-Evangelium: *„Taufet sie auf den Namen des Vaters, des Sohnes und des Heiligen Geistes.“* (Matthäus-Evangelium 28,19).

Bis heute wird der Täufling bei der Taufe dreimal mit Wasser übergossen.

Auch bei Segen z.B. am Schluss des Gottesdienstes kommt immer wieder die Dreieinigkeit vor:

„Die Gnade unseres Herrn Jesus Christus und die Liebe Gottes und die Gemeinschaft des Heiligen Geistes sei mit euch allen.“ (2. Kor. 13,13)

Das Kirchenjahr
Bestell-Nr. 15 032
KOHL VERLAG

Legematerial zum Ausschneiden

Diesen Tag nennt man auch „Fest des heiligsten Leibes und Blutes Christi“. Fronleichnam feiert man ausschließlich in der katholischen Kirche.

Die alten Begriffe „fron“ (Herr) und „lichnam“ (Leib) geben dem Fest den Namen. Dabei wird deutlich, dass Jesus als Brot des Lebens, als gewandelte Hostie, im Mittelpunkt steht.

Während des letzten Abendmahls teilte Jesus das Brot mit der Aussage, dass dies sein Leib sei. Darauf bezieht sich heute die Wandlung der Hostie während der Messe. Dieses heilige Brot steht darum auch im Mittelpunkt der Prozessionen des Fronleichnamfestes.

Korinther (11, 23-26):

Denn ich habe vom Herrn empfangen, was ich euch dann überliefert habe: Jesus, der Herr, nahm in der Nacht, in der er ausgeliefert wurde, Brot, sprach das Dankgebet, brach das Brot und sagte: Das ist mein Leib für euch. Tut dies zu meinem Gedächtnis! Ebenso nahm er nach dem Mahl den Kelch und sprach: Dieser Kelch ist der Neue Bund in meinem Blut. Tut dies, sooft ihr daraus trinkt, zu meinem Gedächtnis! Denn sooft ihr von diesem Brot esst und aus dem Kelch trinkt, verkündet ihr den Tod des Herrn, bis er kommt.

Weiterhin passend wäre auch Hebräer 9, 11-15.

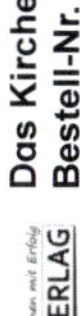

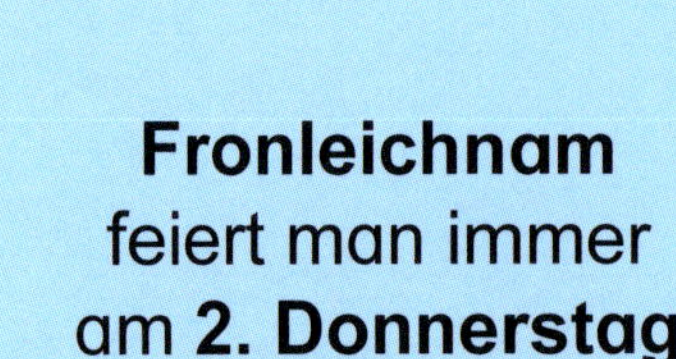

Fronleichnam
feiert man immer
am **2. Donnerstag**
nach Pfingsten.

Fronleichnam ist ein katholischer Feiertag. Die Gemeinde trifft sich an diesem Festtag zu einem festlichen Gottesdienst mit anschließender Prozession durch die Straßen. Das bedeutet einen Festzug der Gemeinde unter Anführung von Priester und Messdienern durch den Ort. Dabei trägt ein Priester feierlich die Monstranz mit dem Leib Christi in Form der Hostie vor sich. An verschiedenen Stationen werden Fürbitten gesprochen, gebetet, gesungen und der Segen ausgesprochen.

Am Festtag Fronleichnam gedenkt man der leiblichen Anwesenheit von Jesus während des letzten Abendmahls. In manchen Gegenden ist der Weg der Prozession mit wunderschönen Blütenteppichen und Verzierungen an den Häusern geschmückt.

Das Kirchenjahr
Bestell-Nr. 15 032
KOHL VERLAG

Legematerial zum Ausschneiden

Das Erntedankfest ist ein Fest des Dankes für die reiche Ernte. An diesem Tag bringen die Christen in die Kirche Getreide, Obst und Gemüse oder andere Erntegaben mit. Besonders Kinder bringen liebevoll geschmückte Körbchen mit Feldfrüchten mit. Diese werden zusammen mit den übrigen Gaben dekorativ vor dem Altar aufgestellt. Im Gottesdienst wird gemeinsam für die Ernte gedankt und daran erinnert, dass der Mensch für eine gute Ernte immer Gottes Hilfe braucht. Der Priester segnet auch die mitgebrachten Gaben. Die Erntegaben werden nach dem Fest oft an arme Leute in der Gemeinde verteilt oder beispielsweise im Kindergarten zum gemeinsamen feierlichen Essen verwendet.

Häufig werden aus dem **145. Psalm die Verse 15-16** gebetet:

„Aller Augen warten auf dich, und du gibst ihnen Speise zur rechten Zeit. Du öffnest deine Hand auf und sättigst alles, was lebt, nach deinem Wohlgefallen.“

Das **Erntedankfest**
als Fest des Dankes für
die reiche Ernte, hat keinen
festen Termin. Gefeiert wird
es aber logischerweise stets
nach der eingebrachten Ernte
im Herbst, **oft am ersten
Oktobersonntag**.

Bei der Feier des Erntedankfestes erinnern sich die Menschen auch daran, wie abhängig eine gute Ernte von der Natur ist. Viele von ihnen leben in Städten und haben nicht mehr direkt mit der Landwirtschaft zu tun. Auch für sie ist dieser Tag eine Gelegenheit, sich ihrer Dankbarkeit für die gute Ernte bewusst zu werden.

Getreide, Obst, Gemüse und Backwaren werden vor dem Altar aufgebaut und vielfach bringen Kinder ihre eigenen geschmückten Erntekörbchen mit in den Gottesdienst. In einigen Regionen werden auch kunstvolle Erntekronen oder -glocken aus Getreide oder Reben geflochten. Die gesegneten Gaben werden dann im Anschluss meist an karikative Einrichtungen verschenkt oder z. B. im Kindergarten gemeinsam zubereitet und gegessen.

Auch in Süd- und Ostasien feiert man ein Erntedankfest, das sich dort in der Regel zu einem großen Volksfest entwickelt.

Das Kirchenjahr
Bestell-Nr. 15 032

Im Verlauf der Geschichte gab es immer wieder Not- und Krisenzeiten, in denen zu Tagen der Buße und Umkehr aufgerufen wurde. Seit dem Dreißigjährigen Krieg wurden diese Bußtage verstärkt eingesetzt, allerdings an vielen verschiedenen Terminen.

Auch heute noch finden zum Buß- und Bettag Gottesdienste statt, in denen die Menschen Gelegenheit haben, über ihre Fehler und Schwächen nachzudenken und sich neu zu besinnen.

Jona (3,4 -10):

Jona begann, in die Stadt hineinzugehen; er ging einen Tag lang und rief: Noch vierzig Tage und Ninive ist zerstört! Und die Leute von Ninive glaubten Gott. Sie riefen ein Fasten aus und alle, Groß und Klein, zogen Bußgewänder an. Als die Nachricht davon den König von Ninive erreichte, stand er von seinem Thron auf, legte seinen Königsmantel ab, hüllte sich in ein Bußgewand und setzte sich in die Asche. Er ließ in Ninive ausrufen: Befehl des Königs und seiner Großen: Alle Menschen und Tiere, Rinder, Schafe und Ziegen, sollen nichts essen, nicht weiden und kein Wasser trinken. Sie sollen sich in Bußgewänder hüllen, Menschen und Tiere. Sie sollen laut zu Gott rufen und jeder soll umkehren und sich von seinen bösen Taten abwenden und von dem Unrecht, das an seinen Händen klebt. (...)
Da reute Gott das Unheil, das er ihnen angedroht hatte, und er führte die Drohung nicht aus.

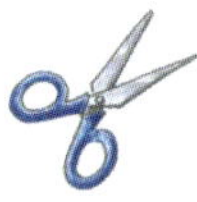

Der **Buß- und Bettag** wurde im 19. Jhdt, um die vielen unterschiedlichen Termine zu vereinheitlichen, von der Eisenacher Konferenz auf den **Mittwoch vor dem letzten Sonntag im Kirchenjahr** festgelegt.

Dadurch kann der Termin zwischen dem 16.11. und 22.11. liegen.

Traditionell gehen evangelische Christen am Buß- und Bettag zum Gottesdienst, der mittlerweile meist am Abend gehalten wird, da in fast allen Bundesländern der Buß- und Bettag kein arbeitsfreier Tag mehr ist. Bei der Besinnung an diesem Feiertag geht es auch nicht nur um die eigene Schuld, sondern auch um das Geschehen und die Rolle in der Welt, z.B. bei Kriegen.

Besonders im Osten Deutschlands ist der Buß- und Bettag ein gewichtiger Feiertag als Abschluss der zehntägigen Friedensdekade, in der in der damaligen DDR um Frieden und Versöhnung sowie Wiedervereinigung gebetet wurde.

Das Herz-Jesu-Fest wurde
vor über 150 Jahren eingeführt.
Der Begriff „das Herz Jesu“ steht
für die unendliche Liebe und
Barmherzigkeit Gottes und seines
Sohnes. In den Kirchen finden an
diesem Tag feierliche Gottesdienste statt.
Anschließend gibt es oft festliche
Prozessionen. An Tag des Herz-Jesu-Festes
denkt man an die Verwundung von Jesus‘
Herzens durch unsere Sünden und erbittet für
uns die Kraft zur Umkehr und Besserung.

Johannes (19, 33-34)

Als sie aber zu Jesus kamen und sahen,
dass er schon tot war, zerschlugen sie ihm die Beine
nicht, sondern einer der Soldaten stieß ihn mit der Lanze
in die Seite, und sogleich floss Blut und Wasser heraus.

KOHL VERLAG Lernen mit Erfolg
Das Kirchenjahr
Bestell-Nr. 15 032

Am **dritten Freitag nach Pfingsten** feiert man in der katholischen Kirche das **Herz-Jesu-Fest**.

Der Ursprung der Verehrung des Herzens Jesu liegt im Johannesevangelium. Dort steht, dass Jesus` Körper und sein Herz nach seinem Tod am Kreuz durch eine Lanze durchstochen wurde. So sollte sein Tod festgestellt werden. Das Blut und Wasser, das aus Jesus` Körper floss, steht stellvertretend für Jesus` Leiden und Sterben für uns Menschen.

Bereits im Mittelalter wurde immer wieder vereinzelt ein Fest der Herz-Jesu-Verehrung begangen, doch erst durch eine polnische Nonne, die sich nach Visionen für den Einsatz für ein Herz-Jesu-Fest berufen sah, wurde die Bedeutung in der Neuzeit wieder größer. Papst Johannes Paul II. sprach diese Nonne sogar im Jahr 2000 heilig.

Das Kirchenjahr
Bestell-Nr. 15 032
KOHL VERLAG

Legematerial zum Ausschneiden

Allerheiligen wurde eingeführt, um der vielen Heiligen und Märtyrer zu gedenken. Die Heiligen waren oft sehr mutig und vertrauten stets auf Gottes Hilfe, sodass sie für viele Christen große Vorbilder sind. An Allerheiligen danken die Christen Gott im Gebet, dass er den Heiligen die Kraft für ihre Taten gab. An **Allerseelen**, am Tag nach Allerheiligen, denken die Katholiken an ihre Verstorbenen. Sie besuchen die Gräber und beten zu Gott, auf dass er die Seelen der Verstorbenen ins ewige Leben aufnimmt.

Als evangelisches Gegenstück gibt es den **Ewigkeitssonntag** oder **Totensonntag**. Am letzten Sonntag des Kirchenjahres, meist Ende November, gedenken auch die evangelischen Christen ihrer Verstorbenen.

Es gibt mehrere Bibelstellen, die passend sein können:

Der Apostel Paulus über die Auferstehung
(1. Brief an die Korinther, 15, 35-42):

Nun könnte einer fragen: Wie werden die Toten auferweckt, was für einen Leib werden sie haben? Was für eine törichte Frage! Auch das, was du säst, wird nicht lebendig, wenn es nicht stirbt. Und was du säst, hat noch nicht die Gestalt, die entstehen wird; es ist nur ein nacktes Samenkorn, zum Beispiel ein Weizenkorn oder ein anderes. Gott gibt ihm die Gestalt, die er vorgesehen hat, jedem Samen eine andere. Auch die Lebewesen haben nicht alle die gleiche Gestalt. (...) So ist es auch mit der Auferstehung der Toten. Was gesät wird, ist verweslich, was auferweckt wird, unverweslich.

Bittgebet angesichts der menschlichen Vergänglichkeit (Psalm 39)
Zuflucht bei Gott in der Vergänglichkeit (Psalm 90)
Gott befreit die Gefangenen (Psalm 126)
Der Prophet Jesaja verheißt einen neuen Himmel und eine neue Erde (Jesaja 65,17-25)
Jesus mahnt zur Wachsamkeit im Leben (Markus-Evangelium 13, 31-37)
Das neue Jerusalem am Ende der Zeiten: „Gott wird abwischen alle Tränen ..." (Offenbarung des Johannes, 21, 1-7)

Das Kirchenjahr
Bestell-Nr. 15 032

Legematerial zum Ausschneiden

Den katholischen Feiertag **Allerheiligen** begeht man jedes Jahr am **1. November**. Am **Folgetag** feiert man dann **Allerseelen**. Diese beiden Feiertage sind kirchlich als Verbund zu sehen. Als evangelisches Gegenstück gibt es den **Ewigkeitssonntag** oder **Totensonntag**. Am letzten Sonntag des Kirchenjahres, meist Ende November, gedenken auch die evangelischen Christen ihrer Verstorbenen.

In den Bundesländern Baden-Württemberg, Bayern, Nordrhein-Westfalen, Rheinland-Pfalz und Saarland ist **Allerheiligen** ein gesetzlicher und stiller Feiertag, d.h. es dürfen keine Tanzveranstaltungen und Veranstaltungen mit lauter Musik durchgeführt werden. Vor allem in Österreich aber auch in einigen Gegenden Süddeutschlands werden zu Allerheiligen Hefezöpfe, die Allerheiligenstriezel, gebacken. Diese werden von den Tauf- und Firmpaten an ihre Patenkinder verschenkt. Üblich ist es, zu Allerheiligen die Gräber der Verstorbenen wieder zu bepflanzen und schön herzurichten.

Auf den Friedhöfen ist an **Allerseelen** zumeist viel Besuch zu sehen. Viele Christen gehen an diesem Tag zu den Gräbern ihrer Verwandten und Freunde. Besonders beten sie für die erst kürzlich Verstorbenen. In den Gebeten bitten sie Gott, ihre Seelen für das ewige Leben bei sich aufzunehmen. An den Gräbern zündet man zumeist rote Kerzen an. Das Licht dieser Grabkerzen soll an das ewige Leben erinnern. Am Abend des Allerseelentages bietet sich meist ein stimmungsvolles Bild eines beleuchteten Friedhofes.

Auch am **Ewigkeitssonntag/Totensonntag** ist es üblich, bei einem feierlichen Gottesdienst der Toten zu gedenken und zumeist werden die Namen der Verstorbenen der letzten 12 Monate vorgelesen.

Das Kirchenjahr
Bestell-Nr. 15 032

Am **Reformationstag** erinnern sich die evangelischen Christen an den Beginn der Reformation. Der Mönch Martin Luther schlug 1517 gewagte Thesen an die Kirchentür in Wittenberg und tat so eine Unzufriedenheit mit der katholischen Kirche kund. Dies löste eine große Bewegung, die Reformation aus, die letztlich zur Gründung der evangelischen Kirche führte.

Einige von Martin Luthers 95 Thesen:

These 1: „Da unser Herr und Meister Jesus Christus spricht „Tut Buße“ hat er damit gemeint, dass das ganze Leben der Gläubigen Buße sei.“

These 21: „Deshalb irren jene Ablassprediger, die sagen, dass durch die Ablässe des Papstes der Mensch von jeder Strafe frei und los werde.“

These 26: „Der Papst handelt sehr richtig, den Seelen (im Fegefeuer) die Vergebung nicht auf Grund seiner – ihm dafür nicht zur Verfügung stehenden – Schlüsselgewalt, sondern auf dem Weg der Fürbitte zuzuwenden.“

These 51: „Man soll die Christen lehren: Der Papst wäre, wie es seine Pflicht ist, bereit – wenn nötig – die Peterskirche zu verkaufen, um von seinem Geld einen großen Teil jenen zu geben, denen gewisse Ablassprediger das Geld aus der Tasche holen.“

Der **Reformationstag**
wird immer am **31. Oktober**
gefeiert. Denn am 31.10.1517
nagelte Martin Luther seine
Thesen an die Kirchentür und löste
somit die Reformation aus.

Zu Luthers Zeiten war es üblich, Thesen anzunageln, um mit Gelehrten der Universität über ein Thema zu diskutieren. Das Thema von Luther war aber sehr gewagt. Damals war es üblich, sich von Sünden mit dem Kauf von Ablassbriefen freizukaufen. Der Erlös diente zum Beispiel dem Papst zum Bau des Petersdomes und anderer Prachtbauten. Gegen diese Ablassbriefe und andere Abläufe der katholischen Kirche protestierte Luther. Auch forderte er, dass Gottesdienste in der jeweiligen Landessprache gehalten werden sollte, damit jeder sie verstehen kann. Die Entwicklungen und Veränderungen, die Luther auslöste, waren auch die Grundlage zur Gründung der evangelischen Kiche. Die evangelischen Christen erinnern sich am Reformationstag auch daran, dass Kirche immer wieder Aufbruch und Veränderung braucht und man sich immer wieder überdenken soll.

Das Kirchenjahr
Bestell-Nr. 15 032
KOHL VERLAG

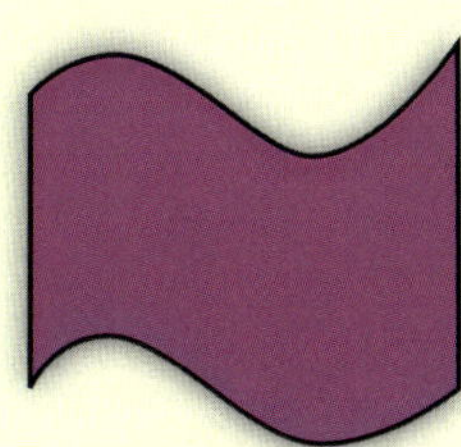

Liturgische Farbe der katholischen Kirche

Liturgische Farbe der katholischen Kirche

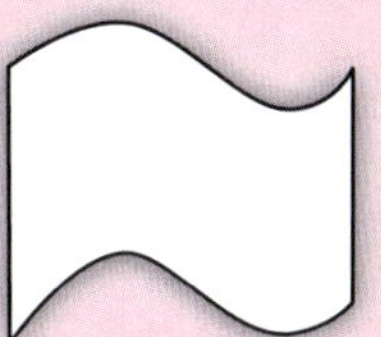

Heiliger Abend
Weihnachten

Fastenzeit
Aschermittwoch

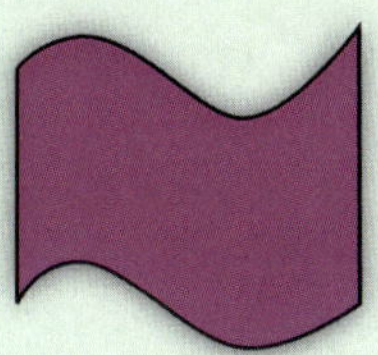

Liturgische Farbe der katholischen Kirche

Liturgische Farbe der katholischen Kirche

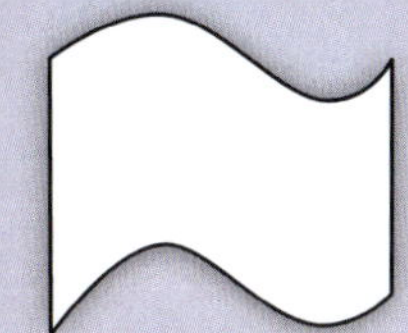

Epiphanias/
Heilige Drei Könige

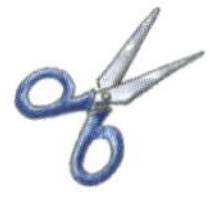

Advent

Liturgische Farbe der evangelischen Kirche

Liturgische Farbe der evangelischen Kirche

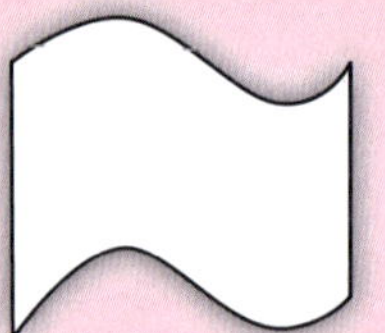

Heiliger Abend
Weihnachten

Fastenzeit
Aschermittwoch

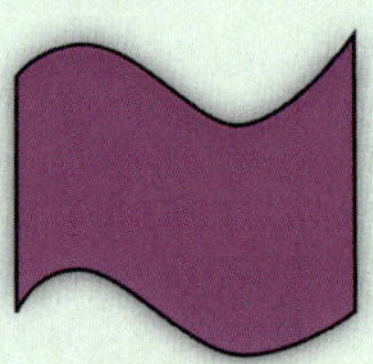

Liturgische Farbe der evangelischen Kirche

Liturgische Farbe der evangelischen Kirche

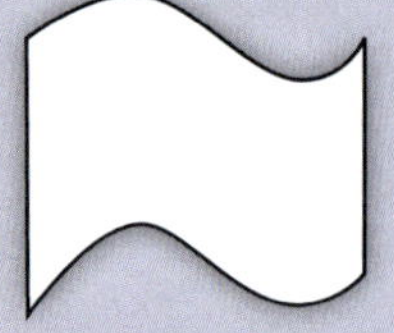

Epiphanias/
Heilige Drei Könige

Das Kirchenjahr
Bestell-Nr. 15 032

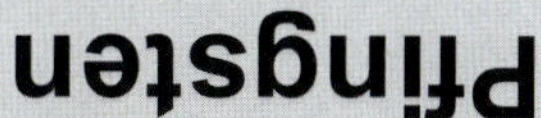

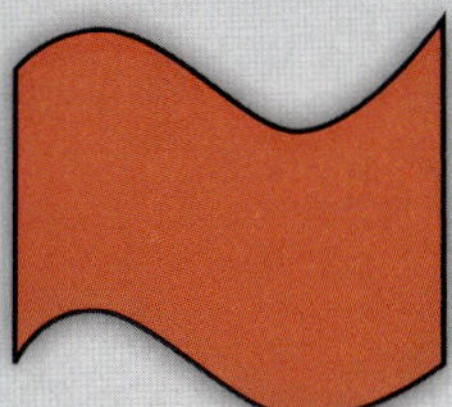

Liturgische Farbe der katholischen Kirche

Liturgische Farbe der katholischen Kirche

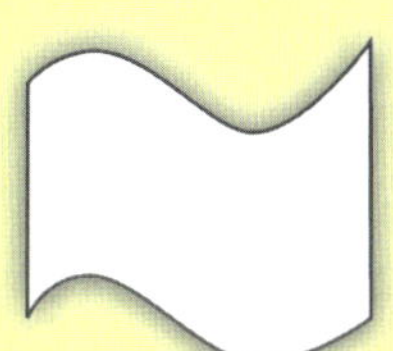

Dreifaltigkeitssonntag/ Trinitatis

Herz-Jesu-Fest

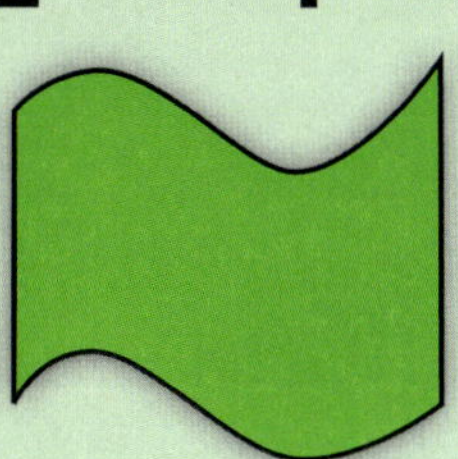

Liturgische Farbe der katholischen Kirche

Liturgische Farbe der katholischen Kirche

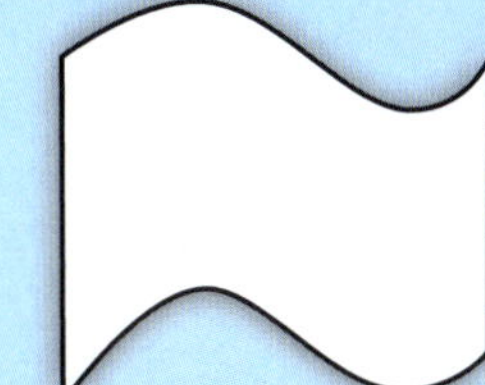

Fronleichnam

Das Kirchenjahr
Bestell-Nr. 15 032

Pfingsten

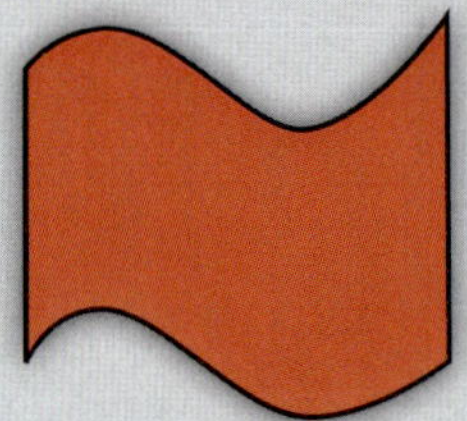

Liturgische Farbe der evangelischen Kirche

Liturgische Farbe der evangelischen Kirche

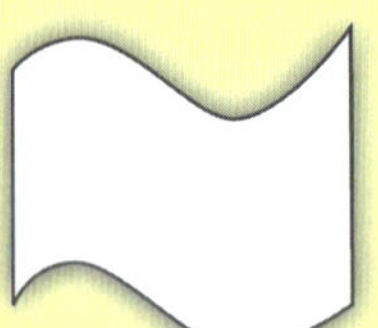

Dreifaltigkeitssonntag/ Trinitatis

Buß- und Bettag

Liturgische Farbe der evangelischen Kirche

Liturgische Farbe der evangelischen Kirche

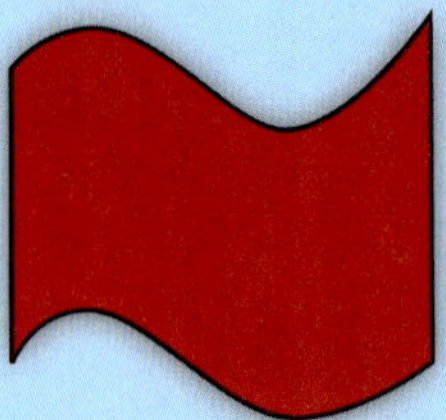

Reformationstag

KOHL VERLAG
Das Kirchenjahr
Bestell-Nr. 15 032

Palmsonntag

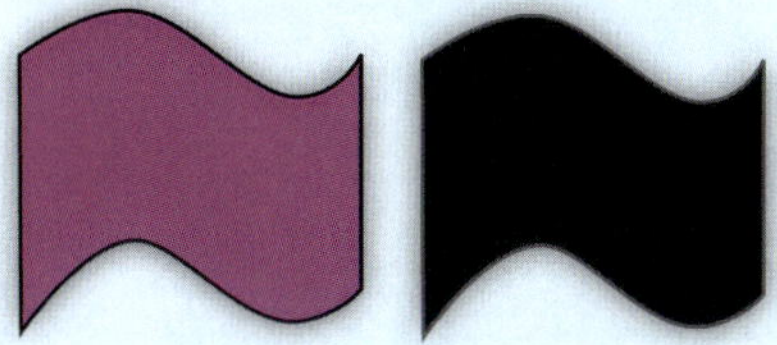

Liturgische Farben der katholischen Kirche

Liturgische Farbe der katholischen Kirche

Gründonnerstag
Karfreitag

Ostern

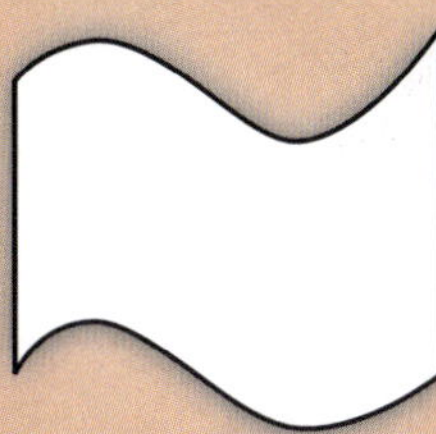

Liturgische Farbe der katholischen Kirche

Liturgische Farbe der katholischen Kirche

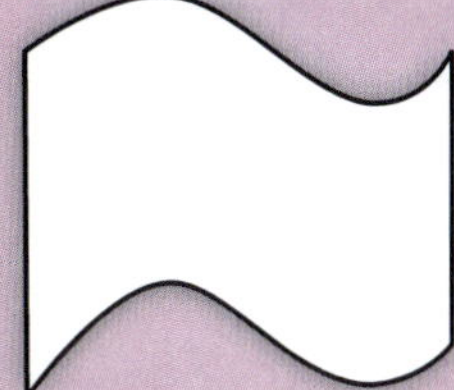

Christi Himmelfahrt

KOHL VERLAG
Das Kirchenjahr
Bestell-Nr. 15 032

Liturgische Farben der evangelischen Kirche

Palmsonntag
Beginn der Karwoche

Liturgische Farben der evangelischen Kirche

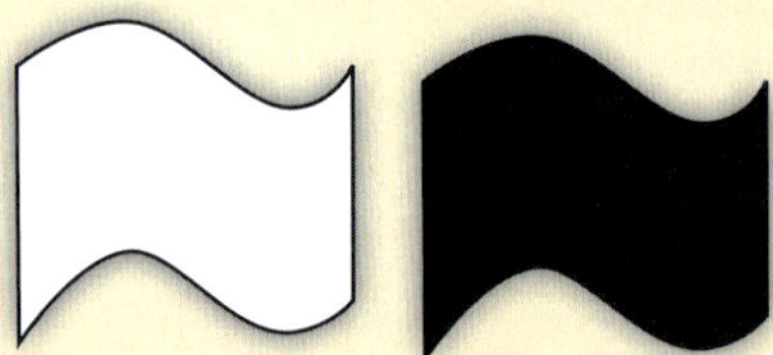

Gründonnerstag
Karfreitag

Liturgische Farbe der evangelischen Kirche

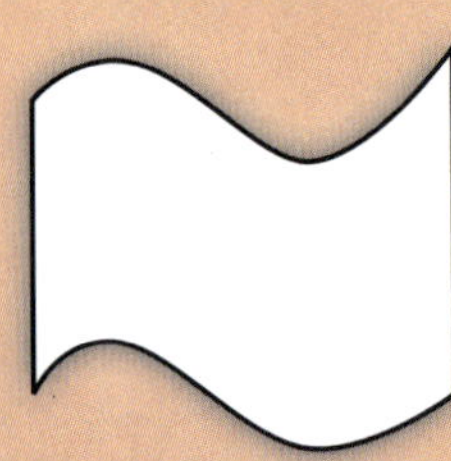

Ostern

Liturgische Farbe der evangelischen Kirche

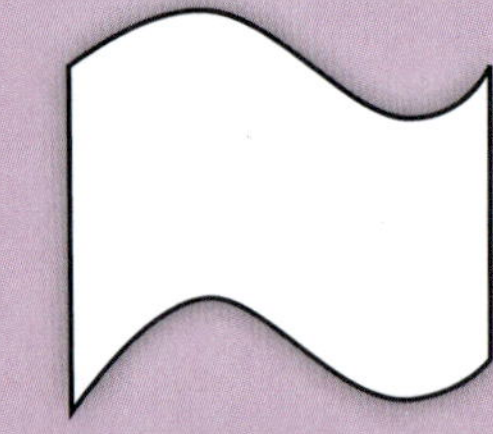

Christi Himmelfahrt

Das Kirchenjahr
Bestell-Nr. 15 032